AF226749

39

Dans les tranchées
du front

3482

# Dans les Tranchées
# du Front

*"Pages actuelles"* (nº 39)
*1914-1915*

# Dans les Tranchées du Front

PAR

## FRANCIS MARRE

Chroniqueur scientifique du *Correspondant*

PARIS

**BLOUD** ET **GAY**, Éditeurs

7, Place Saint-Sulpice, PARIS

1915

De la mer du Nord à l'Alsace, les tranchées du front se continuent sur une longueur de 949.000 mètres : Les Anglais en défendent 50 kilomètres, les Belges 29, les Français 870.

Du côté des Boches comme de celui des Alliés, elles sont constituées par une triple ligne de fossés plus ou moins larges, souvent renforcée à l'arrière par une double ligne d'abris souterrains destinés à permettre le repos des troupes en réserve. Leur profondeur, qui est en moyenne de deux mètres, atteint en certains points six et même huit mètres. Des kilomètres et des kilomètres de cheminements, de sapes, de galeries, de boyaux les font communiquer entre elles.

Pour les creuser, il a fallu que les Alliés et les Boches arrivent à remuer 150 millions de mètres cubes de terre, c'est-à-dire deux fois et demi plus qu'il n'en a fallu excaver pour joindre l'Atlantique au Pacifique à travers l'isthme de l'Amérique Centrale.

Si on apportait à Paris toute la terre ainsi remuée, et si on l'étendait sur tout l'espace que circonscrivent les fortifications, on formerait une couche horizontale atteignant le sommet de la butte Montmartre.

Si le Canal de Panama est la huitième merveille du monde, les tranchées du front en sont la neuvième.

Raison de plus pour essayer de dire comment elles sont faites, et ce qui s'y passe...

P. M.

Mars 1915.

# Dans les tranchées du front

Quelques semaines encore nous séparent du moment où les jeunes gens de la dernière classe s'en iront au front pour rejoindre leurs aînés qui combattent depuis le début des hostilités et dont l'héroïque patience tient en respect l'envahisseur. Du jour au lendemain, ils se trouveront alors aux prises avec tous les périls de la guerre, avec les rudes fatigues de la vie aux tranchées, avec les difficultés sans cesse renaissantes d'une campagne qui ne saurait prendre fin avant qu'ait sonné l'heure des triomphes décisifs. A coup sûr, ils se comporteront en braves, puisqu'ils sont Français et soldats, et, quelque pénible

(1) Cette étude résume une série d'articles parus dans *le Correspondant*.

que soit jamais l'effort qui leur sera demandé, ils l'accompliront sans se plaindre, parce qu'ils savent bien qu'ils ont cessé de s'appartenir, depuis le moment tragique où la Patrie fut en danger.

Il convient de dire ici, avec quelques détails, ce que va être leur existence et de leur donner en peu de mots les conseils pratiques qu'une expérience vieille de six mois autorise à formuler.

La guerre, telle que les Allemands nous obligent à la faire, comporte actuellement comme occupation principale l'établissement et la défense d'une ligne ininterrompue de retranchements, étendue de la mer du Nord à l'Alsace. Sa forme présente ne paraît pas avoir été prévue par ceux qui, depuis quarante-quatre ans, ont eu l'honneur de commander notre armée et ce que le règlement de manœuvres d'infanterie appelle, en termes officiels, « les travaux de campagne » n'avait retenu qu'à de rares exceptions la bienveillante attention des chefs de corps et d'unités. Dans un très grand nombre de garnisons, au contraire, la gymnastique et les jeux en plein air étaient en grand honneur et certains esprits chagrins se sont parfois demandé si quelques-uns de nos chefs militaires ne perdaient pas de vue ce grand principe qu'en temps de paix les soldats sont enlevés à leurs occupations civiles pour apprendre à se battre, plutôt que pour apprendre à jouer au cheval-fondu.

On sait quelles terribles conséquences ont eu ces errements, que le simple bon sens aurait dû suffire à faire condamner. Quand, aux premiers jours de la guerre, nous nous sommes trouvés en présence d'une armée qui n'avait pas consacré plusieurs après-midi par semaine à des parties de barres, mais qui savait à merveille s'abriter derrière les moindres replis du sol et se terrer dans les trous rapidement creusés, nous avons subi des pertes énormes.

Emportés par cette *furia francese* qui, dans le passé, nous a si souvent valu la victoire, nos régiments, vêtus de couleurs éclatantes, se sont jetés en avant, la baïonnette haute ; conduits par des officiers superbes qui méprisaient les balles et se gantaient de blanc pour courir à l'assaut, ils sont allés à la mort, clairons sonnants, tambours battants, drapeaux déployés. Les Allemands, vêtus d'uniformes aux teintes neutres, et tapis derrière des levées de terre, les ont accueillis par un feu meurtrier, les décimant par les rafales de leurs mitrailleuses.

La leçon fut effroyable ; mais elle a porté ses fruits. Avec l'étonnante facilité d'assimilation qui caractérise notre race, nous avons aussitôt changé du tout au tout notre tactique. Aujourd'hui, les troupes françaises ont abandonné le pantalon rouge, nos officiers portent le même costume que leurs hommes et, dans la guerre patiente des tranchées, nous sommes devenus plus habiles que ne l'ont jamais été nos ennemis.

# Les fortifications passagères.

La fortification est l'art d'organiser une position militaire de telle sorte que la troupe qui l'occupe puisse résister sans trop de désavantage à une troupe plus forte qu'elle par le nombre ou par l'armement. Les fortifications passagères sont employées quand il s'agit de mettre en état de défense un point dont l'importance stratégique n'est que momentanée et dépend de la position respective des armées en présence.

Tout retranchement doit viser un double but : d'abord faire obstacle aux projectiles ennemis, ensuite empêcher l'assaillant d'arriver jusqu'au défenseur pour l'attaquer à l'arme blanche et pour le repousser. On obtient ce double résultat en creusant un fossé assez large et assez profond pour arrêter l'ennemi et en rejetant vers l'extérieur les terres excavées, de façon à former une masse couvrante (*parapet*), habituellement terminée par des surfaces planes qui portent le nom de *talus* ou *plongée*, et sur lesquelles le défenseur appuie son arme pour tirer. L'épaisseur du parapet doit être proportionnée à la force des projectiles dont l'ennemi fait usage (1). En dedans du retranchement, et à 1 m. 3o environ en contre-bas de la crête intérieure du talus, on établit une sorte de gradin horizontal ou *banquette*, sur laquelle les défenseurs se postent pour faire feu. En avant du parapet, du côté de l'ennemi, se trouve un autre gradin, la *berme*, qui a de o m. 3o à 1 mètre de largeur, suivant que la terre est

(1) En général l'épaisseur du parapet égale une fois et demie la longueur de l'enfoncement des projectiles, soit 1 m. 60 à 4 mètres ; on admet que 0 m. 80 à 0 m. 90 suffisent pour arrêter la balle du fusil d'infanterie.

forte ou légère : elle donne aux hommes la possibilité de relever au fur et à mesure les terres éboulées et de reculer la masse du parapet, afin que son poids n'écrase pas les bords du fossé.

Celui-ci se compose de trois parties :

Partie antérieure d'une tranchée, montrant le parapet, la banquette et la plongée.

*l'escarpe*, qui supporte la masse couvrante, la *contrescarpe*, qui est le bord opposé, et le *fond*, qui est toujours large de trois à quatre mètres environ. En avant de la contrescarpe, on élève le plus souvent un petit remblai, le *glacis*, qui a pour objet d'ajouter à la force défensive du retranchement en rendant plus difficile la descente du fossé par l'assaillant. Le glacis est couvert par un ou plusieurs rangs d'*abatis*, c'est-à-dire de fortes branches d'arbres entrelacées les unes avec les autres et fixées au sol par des piquets ; en avant encore des abatis, sont disposées plusieurs rangées de fils de fer barbelés, attachés à de solides pieux fichés en quinconce et étendus sur une profondeur de 10 à 15 mètres au moins. Quand il est possible de le faire, on pose en avant du retranchement, plusieurs séries successives de ces fils de fer barbelés, séparées par des espaces vides ; dans ces espaces, on établit des défenses mobiles.

Le tout a pour but de briser l'élan d'un assaillant qui voudrait monter à l'assaut, de retarder sa marche, de la rendre zigzagante et, par suite, de le maintenir le plus longtemps possible sous le feu des défenseurs installés à l'abri du parapet.

**Les défenses mobiles.** — Les défenses

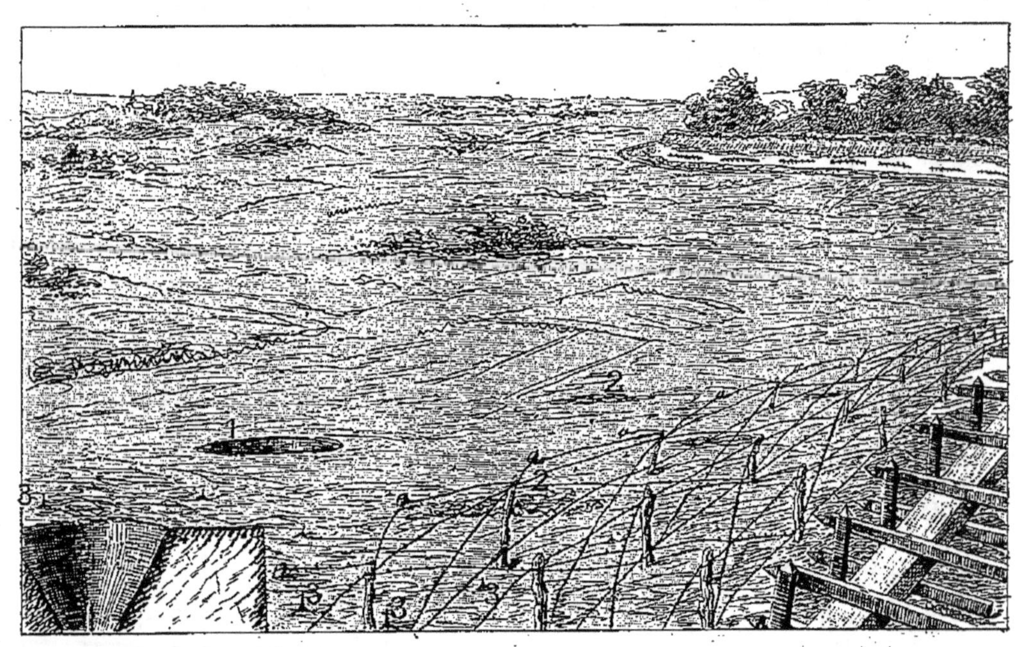

Les défenses mobiles de la tranchée :

1, Trou-de-loup (en bas et à gauche, coupe d'un trou-de-loup); — 2, fougasse; — 3, chausses-trapes. — En bas et à droite, réseau de fils de fer barbelés et chevaux de frise.

mobiles qui sont établies en avant du retranchement sont de plusieurs sortes :

*Le cheval de frise* est une grosse pièce de bois ou de métal, longue de 3 à 4 mètres, traversée en divers sens par des pieux pointus et dont on se sert pour constituer une défense contre la ruée d'un assaillant.

*Les trous-de-loup* sont des puits en forme de cône renversé, creusés dans le sol et qui ont une profondeur de 1 m. 50, avec un diamètre de 2 mètres à la partie supérieure, de 50 à 60 centimètres à la partie inférieure. Dans le fond de chacun d'eux, on plante un pieu pointu de 50 à 60 centimètres de hauteur, sur lequel tout homme qui tombe ne peut manquer de s'empaler. Les trous-de-loup sont généralement creusés en quinconce sur 3 ou 5 rangs.

*Les chausse-trapes* sont de petites pièces de fer munies de quatre pointes aiguës, disposées de manière qu'il s'en trouve toujours une en haut, de quelque manière que l'engin soit jeté et posé sur le sol.

*La palanque* est une pièce de bois ou

de fer équarrie, de 20 à 25 centimètres de côté sur 4 mètres à 4 m. 50 de longueur, et pointue à son extrémité supérieure. On en enfonce un certain nombre dans le sol, de façon qu'elles soient bien exactement jointes et opposent aux balles un rempart impénétrable. On y pratique ensuite des créneaux. Étant donnée la force de pénétration des projectiles lancés par les fusils modernes, on établit toujours plusieurs rangées parallèles de palanques et on comble avec de la terre l'espace libre entre elles. L'ensemble ainsi constitué trouve sa place sur le talus du retranchement.

*Les palissades* sont de fortes pièces de bois rondes ou équarries en forme de prismes triangulaires, aiguisées par un bout et longues de 3 mètres à 3 m. 50 ; on les plante verticalement dans le sol, la pointe en haut, à 7 ou 8 centimètres d'intervalle, et on les assujettit à l'intérieur. D'ordinaire, les palissades, qui ne résisteraient pas au feu du canon, sont établies au fond des fossés, ou sur la berme du parapet en les inclinant vers l'ennemi sous un angle de 3o à 35 degrés. Elles prennent alors le nom de *frises*.

*Les fougasses* sont des mines passagères et peu enfoncées en terre.

**Flanquage et défilement**. — La description rapide qui vient d'être faite suppose que le fossé et le parapet forment une ligne droite continue. Dans la réalité, les feux des défenseurs sont toujours perpendiculaires à la direction intérieure du retranchement; aussi, est-il facilement concevable que, si cette direction est rectiligne, l'espace étendu en avant du fossé ne peut être défendu que par des feux directs. L'assaillant se trouve donc à l'abri dès qu'il a pu descendre dans le fossé ou se dissimuler derrière le glacis. Aussi, dispose-t-on, de place en place, des parties saillantes dont les feux peuvent, en se croisant, battre tous les abords de l'ouvrage et en rendre l'attaque très difficile. C'est ce qu'on exprime en disant que, dans un retranchement bien établi, les diverses

parties se flanquent, c'est-à-dire se défendent réciproquement.

Si le retranchement ne pouvait être battu
que par des feux d'infanterie, ou même
d'artillerie à trajectoire tendue, il suffirait,
pour qu'il oppose à l'ennemi une défense
infranchissable, de le construire comme il
vient d'être dit. Mais, dans la réalité de
l'heure présente, cette condition ne se réa-
lise pour ainsi dire jamais. Que la position
occupée par une fortification passagère
soit dominée par une position ennemie, ou
qu'elle soit exposée aux feux d'une artillerie à tir plongeant, ses défenseurs doivent
être défilés, c'est-à-dire abrités de façon
efficace contre les projectiles franchissant
leur parapet et susceptibles de les attein-
dre en dehors de lui. On défile un ouvrage
en exhaussant son relief ou en abaissant
son terre-plein, c'est-à-dire en établissant
une tranchée (1) en arrière de son parapet

---

(1) Par extension, l'habitude a été prise de dési-
gner sous le nom de tranchée l'ensemble d'un retranchement complet avec ses réseaux de fil de fer, son
fossé, son parapet et sa tranchée proprement dite.

Une tranchée couverte, défendue par une mitrailleuse.

et en perçant celui-ci d'ouvertures ou créneaux à travers lesquels passe le canon des fusils. Quand le défilement ne peut pas être effectué par les moyens ordinaires, on exhausse le parapet ou on le renforce au moyen de sacs à terre, de fascines, de gabions, c'est-à-dire de masses de terre incluses dans de l'étoffe grossière ou des clayonnages. Enfin, il est indispensable de couvrir les tranchées en leur donnant un toit formé de madriers superposés, portant des sacs de terre ou des mottes de gazon; ce toit doit être d'épaisseur suffisante pour faire obstacle aux projectiles d'infanterie et aux éclats d'obus.

Une troupe qui ne posséderait qu'une seule tranchée serait dans une situation aussi défavorable que possible, puisqu'elle serait à la merci d'un assaut victorieux. Aussi la tranchée est-elle toujours doublée ou triplée en arrière par deux ou trois lignes parallèles de retranchements semblables. Ceux-ci sont réunis les uns aux autres par des fossés couverts, servant de sentiers d'accès, et qui permettent de relever de temps en temps les défenseurs de première ligne par des troupes fraîches. Ces sentiers couverts, ces cheminements sont établis en zigzag, afin de les soustraire au danger toujours à craindre d'un feu d'enfilade, si quelque partie de la première tranchée venait à être prise. C'est par des cheminements analogues que peuvent être établies des tranchées d'avancement, grâce auxquelles on arrive à se rapprocher peu à peu de l'ennemi.

**Les lignes de tranchées.** — Quand une force militaire occupe un système de tranchées et y monte une garde attentive pour empêcher la progression de l'ennemi, elle ne détache derrière les parapets de l'avant qu'une partie de son effectif. Les hommes ainsi placés en première ligne sont dans la situation exacte de sentinelles dont la vigilance doit être toujours en éveil. Généralement, ils se relayent aux créneaux, que ceux-ci soient disposés pour laisser seulement passer le canon d'un fusil ou, au con-

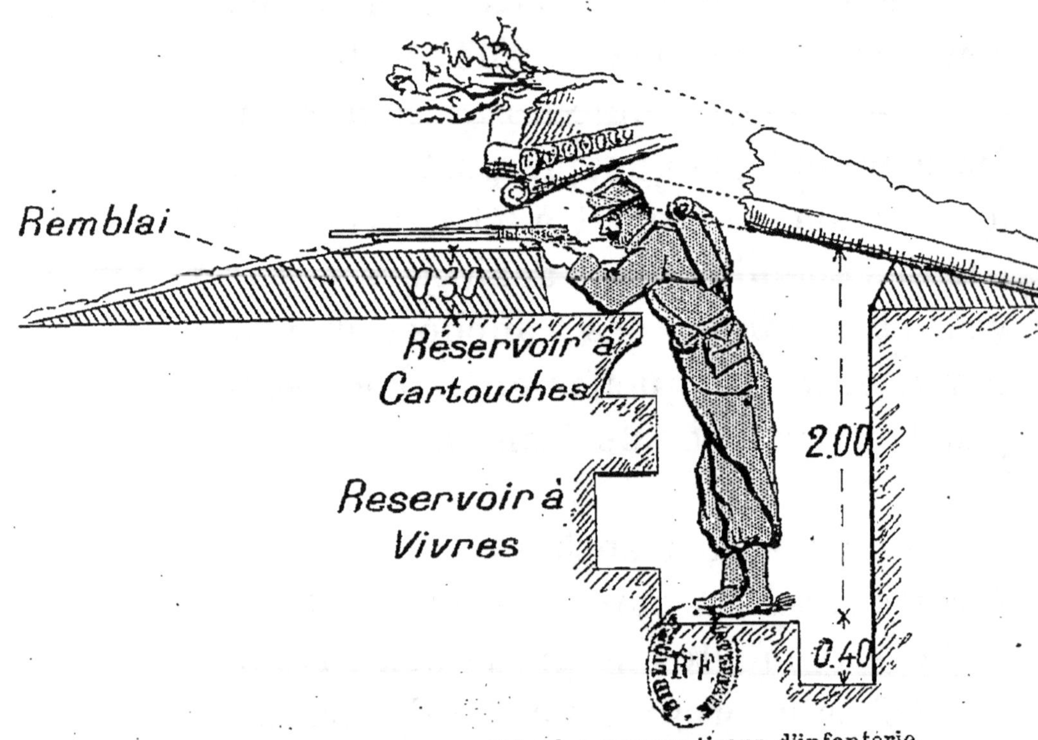


Une tranchée couverte défendue par un tireur d'infanterie.

traire, celui d'une mitrailleuse ; tandis que l'un d'eux a l'œil fixé sur la ligne avancée par où l'assaillant peut venir, l'autre, assis au fond de la tranchée, se repose et attend le moment de prendre sa place. L'homme qui veille a, près de lui, à portée de sa main, un trou de faible profondeur creusé dans le parapet, et dans lequel il loge ses cartouches. Le créneau à travers lequel il regarde est défendu par un bouclier d'acier à l'épreuve de la balle. Il ne lui faut que du sang-froid, de la patience et une énergie physique indomptable — trois qualité maîtresses du soldat français — pour remplir parfaitement la tâche qui lui est dévolue.

Dans les tranchées de seconde ligne, l'ingéniosité des troupiers se donne libre carrière : ils ont su ménager sous terre des abris qu'un amas de paille a transformés en chambres de repos et, transportant là mille objets prélevés dans les maisons abandonnées de l'arrière, se créer des séjours presque confortables. Ils y vivent,

sous les balles, une vie d'une belle crâne-
rie joyeuse et c'est chose admirable que
de les voir dormir ou jouer aux cartes en
fumant tandis que, sur leurs têtes, passent
par instants des rafales d'acier qui ne les
émeuvent pas.

Aux tranchées de troisième ligne, le
spectacle change. Chaque unité y possède
plusieurs abris profondément creusés et
défendus contre les projectiles d'artillerie
par un revêtement de madriers et de sacs
de terre épais parfois de plus de 2 mètres.
Dans ces réduits casematés, dans ces
*blockhaus*, on trouve parfois les choses
les plus imprévues. D'abord des réserves
de vivres et de munitions, puis des pièces
spacieuses où la vie est relativement fa-
cile, où en tout cas elle est toujours joyeuse.
Nos soldats y font à chaque minute de vé-
ritables débauches d'héroïsme impertur-
bable, trouvant mille moyens pour tuer le
temps et pour distraire leurs pensées. Par
des cheminements qui s'en vont vers l'arrière, les vivres chauds leur sont apportés

Vue panoramique d'un ensemble de tranchée :

1, boyau d'accès; — 2, cheminement; — 3, poste de commandement du secteur; — 4, poste de commandement d'un chef d'unité; — 5, poste de garde d'un sous-officier. — 6, chambre de repos.

plusieurs fois par jour; ni la faim, ni la soif, ne sont à redouter pour eux, ni l'ennui, ni la tristesse, ni le découragement, ni la défaillance morale, parce qu'ils se sont fait une âme cuirassée d'un triple airain, parce que la volonté d'accomplir jusqu'au bout leur rude devoir les soutient et élève leurs cœurs.

Dans les blockhaus de troisième ligne, le chef de l'unité a sa chambre de troglodyte, creusée elle aussi dans le sol, tapissée de planches qui la gardent de l'humidité excessive, jonchée de paille sèche. Le téléphone le relie avec ses chefs directs, avec l'artillerie qui le soutient et qu'il protège, avec ses collaborateurs qui commandent chaque ligne et chaque secteur de tranchée.

Enfin, immédiatement en arrière des tranchées de troisième ligne, sont le plus souvent établis des retranchements solides, couverts d'épaisses masses de terre et de gazon, abrités contre les projectiles d'artillerie. Des canons légers et lourds y sont disposés, prêts à arroser d'obus et de shrapnells le terrain en avant des tranchées de première ligne et à le rendre intenable pour quiconque oserait s'y aventurer.

# La défense des tranchées.

En dehors des fusils et des mitrailleuses que servent les défenseurs abrités derrière les parapets d'infanterie, la guerre de tranchées, telle que nos troupes la font, en ce moment, a nécessité la mise en service de tout un matériel spécial d'artillerie. Les antiques mortiers de siège, les « crapouillots » sont sortis des arsenaux où on les conservait — un peu comme des reliques d'un autre âge — sans penser qu'un jour viendrait où ils pourraient servir encore. Ce sont des pièces qui doivent leur nom à leur ressemblance de forme avec l'instrument de laboratoire bien connu. Elles lancent, suivant une trajectoire faisant un angle faible avec la verticale, des projectiles explosifs qui, tombant de haut sur les tranchées ennemies ou leurs abords immédiats, font des ravages énormes à leur point de chute. Les mortiers les plus petits pèsent 115, 275, 1.040 et 1.320 kilo-

Le « crapouillot » remis en service aux tranchées.

grammes. Quant aux gros mortiers de côte dont se servait autrefois la marine, pour garnir les remparts des batteries établies dans le but de défendre les ports ou les mouillages, et qui sont maintenant employés au front, ce sont des pièces très lourdes, pesant de 2.200 à 4.750 kilogrammes de mélinite, qui enfoncent sans difficulté des voûtes en maçonnerie compacte, épaisses de 12 à 18 centimètres.

Le défaut commun à toutes ces pièces anciennes réside dans le manque de justesse qui caractérise leur tir ; heureusement, nos troupes ont aujourd'hui d'autres pièces à leur service, qui sont des armes de précision parfaite, spécialement construites en vue du but auquel elles sont destinées. Cependant, il ne saurait convenir de donner sur elles des précisions trop grandes : tout ce qu'il suffit d'en dire c'est qu'elles sont capables de faire la plus victorieuse concurrence au fameux *Minenwerfer*, dont les Allemands étaient démesurément fiers au début de la guerre de taupes qu'ils nous obligent à leur faire.

En arrière des lignes de tranchées, et dans les blockhaus, souvent garnis de tourelles blindées, qui les commandent, une artillerie puissante est établie, prête à bouleverser les travaux de l'ennemi, et à briser l'élan de ses colonnes d'assaut s'il voulait les lancer en avant. Parmi ces pièces, il en est toujours un certain nombre qui sont braquées d'avance sur nos propres tranchées de première ligne et qui en rendraient en quelques secondes le séjour intenable si des assaillants, venus en force, parvenaient à en déloger les défenseurs.

Dans les trous de guette de l'extrême front, des sentinelles veillent, abritées derrière des parapets robustes et parfois derrière des boucliers d'acier chromé à l'épreuve des balles. Grâce au téléphone qui les relie avec l'arrière, le moindre incident qu'elles aperçoivent est signalé à leurs chefs et, par eux, au commandant qui décide la conduite à tenir pour assurer le salut commun. La nuit, des projecteurs s'allument, fouillant les ténèbres profondes et lançant des faisceaux de clarté blanche sur les zones où pourrait se produire une offensive ennemie.

Au gré des événements de guerre, les

deux partis s'efforcent de faire progresser leurs tranchées de première ligne : par des cheminements tortueux, les sapeurs gagnent du terrain, puis à droite et à gauche, creusent des retranchements nouveaux que les troupes occupent et défendent. Le front progresse ainsi de quelques dizaines de mètres, et c'est un succès que le communiqué officiel du lendemain signale d'un mot. Parfois, un bond irrésistible lance en avant nos fantassins, et, leur baïonnette accomplissant sa terrible besogne, ils s'emparent d'une tranchée allemande, s'y installent et la mettent en état de défense : c'est alors, au prix de pertes souvent cruelles, un succès plus grand encore.

Quand nos lignes avancées en arrivent à être très proches des éléments de tranchées occupées par l'ennemi, toute une guerre nouvelle commence. Les mortiers ne peuvent plus rendre aucun service, et l'artillerie est obligée de se taire : canons et obusiers ne pourraient être braqués avec assez de précision pour que l'on soit assuré que leurs projectiles ne produiront aucun dommage dans nos propres rangs. C'est le tour des grenades à main d'entrer en scène : ce sont des projectiles explosifs de quelques kilogrammes seulement, munis d'une fusée percutante et qu'on lance au moyen d'une courroie de cuir, à la façon de la pierre d'une fronde. Alors, portant comme au bon vieux temps la cuirasse et le pot en tête, les sapeurs du génie creusent des boyaux souterrains pour approcher tout près du retranchement ennemi et, si leur sape audacieuse n'est pas arrêtée en chemin par une contre-sape, ils élargissent leur « boyau » en un « fourneau » ou en une « chambre de mine » qu'ils emplissent de mélinite et dont l'étincelle électrique provoque l'explosion. C'est, aussitôt, l'irrésistible ruée des nôtres ; la charge est sonnée et battue ; les hommes hurlent et s'élancent pour couronner le parapet des ennemis ; ils clouent au sol tous ceux que la formidable déflagration de la poudre n'a pas transformés en une bouillie sanglante.

Le lendemain, le Communiqué officiel

apprend au Pays qu'une de nos mines ayant pu être heureusement allumée, nous avons pris aux Allemands un élément de tranchée, et reconquis sur eux quelques mètres du territoire national.

## L'hygiène aux tranchées.

Deux jours de garde en première et en seconde ligne, deux jours en réserve dans les chambres de la troisième ligne, deux jours de repos dans un cantonnement de l'arrière, c'est l'existence que mènent, depuis plusieurs mois, des centaines de mille soldats français. S'il faisait beau, si la température était clémente, si le sol était sec, ce serait une véritable villégiature? Mais il pleut, mais l'hiver est rigoureux, mais le fond des tranchées est un lac de boue glaciale. Un peu d'hygiène rationnellement comprise s'impose à qui veut résister.

**Alimentation**. — D'abord, il faut se souvenir que manger trop est presque toujours préjudiciable : c'est malheureusement ce que font beaucoup d'hommes en service au front. Les rations allouées par l'Intendance sont abondantes, surtout en aliments carnés ; le pain et les légumes secs sont distribués avec excès. Le soldat doit avoir la sagesse de s'alimenter de façon raisonnable. Il évite ainsi des gastralgies et des entérites.

Les travaux des chimistes et des hygiénistes contemporains ont établi qu'un adulte normal perd quotidiennement 25 gr. environ de substances minérales; pour compenser à la fois cette perte et celle qu'impose à son organisme l'élimination des divers déchets vitaux, il convient d'ingérer 2.500 grammes d'eau, 20 grammes de sels minéraux divers, 400 grammes d'hydrates de carbone (qu'il faut aller chercher de préférence dans les aliments sucrés, les végétaux, les légumineuses et les céréales), 65 grammes de graisse et 107 grammes de substances albuminoïdes (qu'apportent la viande ou le poisson).

Pour soutenir les forces d'un soldat en campagne, soumis à un travail rude et à une vie fatigante, on peut admettre qu'il faut 4.500 calories. La ration *normale* de notre fantassin les fournit largement. Elle comprend : 750 grammes de pain, 500 grammes de viande, 100 grammes de riz ou de légumes secs (auxquels peuvent être substitués : 750 grammes de pommes de terre, ou 1 kilogramme de navets, carottes et choux, ou 100 grammes de pâtes alimentaires, ou 70 grammes de fromage sec, ou 110 grammes de fromage mou), 30 grammes de lard, 20 grammes de sel, 64 grammes de sucre, 48 grammes de café, 50 centilitres de vin. Si le service de l'Intendance le juge à propos, il remplace une-demi ration de sucre et de café par 30 grammes de chocolat, et 50 centilitres de vin par 1 litre de bière ou de cidre (1).

(1) La ration du soldat anglais, en apparence plus abondante, équivaut, en réalité, au point de vue des calories, à celle que « touche » en campagne le soldat français. Elle comporte : 507 grammes de viande fraîche, ou 454 grammes de viande de conserve, 113 grammes de lard fumé, 142 grammes de fromage,

Presque toujours cette ration, très suffisante pour maintenir l'organisme en excellent état et réparer convenablement ses forces, est dépassée de façon sensible dans les allocations quotidiennes. Le soldat fera bien, toutefois, de s'en tenir à elle et ne pas consommer les aliments qui lui sont distribués avec une générosité parfois trop grande.

**Boissons.** — Comme boisson, le café et le thé léger sont à tous égards recommandables parce que l'un et l'autre sont faits avec de l'eau bouillie, c'est-à-dire privée de germes. Mais comme il n'est pas toujours possible de s'en procurer, surtout en première ligne, il est nécessaire de veiller sur l'eau que l'on consomme. Partout où cette eau est fournie par l'Intendance, on peut être certain qu'elle est bonne. Les services de l'arrière la surveillent, en effet,

113 grammes de confitures, 85 grammes de sucre; 227 grammes de légumes frais, ou 57 grammes de légumes secs, 18 grammes de thé, de café ou de cacao.

avec la plus diligente attention. Mais, dans les endroits où cette surveillance n'est pas faite, le soldat doit prendre la précaution d'épurer son eau s'il la boit crue. Dans ce but, il est excellent d'emporter en partant une petite fiole d'eau de javel. Il suffit d'en verser une goutte dans cinq litres d'eau pour que celle-ci soit complètement stérilisée, sans aucun mauvais goût, sans odeur désagréable.

Le vin doit être pris modérément, à la dose maxima de trois quarts de litre par jour. Quant à l'alcool, il est toujours dangereux et doit être sévèrement proscrit.

**Propreté individuelle.** — Bien alimenté, ne commettant pas d'imprudence en ce qui concerne son eau de boisson, ne se laissant pas aller à consommer des liqueurs alcooliques qu'il pourrait se procurer en fraude, le soldat qui vit aux tranchées, doit, pour garder intacte sa santé dont le Pays a besoin, observer les règles d'une minutieuse propreté.

Dès qu'il le peut, et en tout cas dès que,

quittant la garde en première ligne, il
regagne les chambres de repos de l'arrière,
le premier soin à prendre, aussitôt que ses
obligations militaires sont remplies (cor-
vées, nettoyage minutieux des armes), est
de se déchausser, de se déshabiller entière-
ment et de procéder à une toilette com-
plète. Toutes les fois que l'on peut avoir
en abondance de l'eau chaude, un lavage
de tout le corps s'impose ; il aide, d'ailleurs, puissamment à dissiper la fatigue.
Dans le cas contraire, une friction générale
avec un linge sec est absolument nécessaire. Les pieds et le siège doivent être
l'objet des soins les plus minutieux : après
un lavage et un essuyage, graisser ces
régions avec du suif constitue une excel-
lente précaution. Comme il est prudent de
prévoir que des échauffements douloureux
peuvent se produire à l'enfourchure des
jambes et comme ces échauffements appa-
raissent dès que la propreté n'est pas
absolue, c'est agir avec sagesse que de se
munir, au départ pour le front, d'une boîte
en fer blanc contenant un mélange à parties

égales de salol et de carbonate de chaux réduits en poussière impalpable, dont, en cas de besoin, on poudrera les parties enflammées, pour empêcher qu'elles ne s'excorient.

Dans une autre boîte métallique, le soldat doit avoir une petite réserve de poudre insecticide. En raison de leur malpropreté proverbiale, les Allemands sont, en effet, envahis par la vermine et rien n'est plus fréquent pour les nôtres que s'en voir envahis à leur tour quand le hasard heureux des combats permet à nos troupes de déloger l'ennemi et de prendre sa place dans les tranchées conquises. Comme les puces et surtout les poux, sont les plus dangereux agents de dissémination qui existent pour certaines maladies contagieuses, le typhus notamment, les détruire quotidiennement dès que l'on constate sur soi leur présence est un moyen radical de demeurer indemne.

Ces soins une fois pris, il faut remettre du linge propre et, dès qu'il est possible, des vêtements secs ; puis le soldat n'a plus qu'à s'occuper de préparer son repas, à manger et à dormir.

**Vêtements**. — L'homme qui vit aux tranchées a besoin de vêtements chauds et surtout de sous-vêtements de laine. Les services militaires de l'équipement, puissamment aidés par l'initiative et la charité privées, en ont pourvu depuis longtemps les soldats qui combattent. Ceux qui vont partir pour les rejoindre doivent se vêtir de façon suffisante, mais éviter de se couvrir trop et de s'emmitoufler de façon exagérée ; avant tout, il faut qu'ils portent sur le ventre une ceinture de flanelle ou de laine qui les préservera des refroidissements.

Il est inutile de s'encombrer de trop de linge. Le simple troupier et le sous-officier ne disposent que de leur sac, l'adjudant de la moitié d'une cantine, l'officier subalterne d'une cantine entière. Les uns et les autres doivent emporter seulement leur linge « en triple » ; une chemise sur le

corps, une dans le sac, une à « l'essan-
geage », dit la théorie. Il est sage pour les
officiers d'avoir une chemise et des chaussettes dans leur gibecière quand ils vont
prendre leur poste à l'avant, afin de pouvoir, dans tous les cas, revêtir du linge
propre s'ils sont obligés de demeurer pendant plus d'un jour séparés de leurs can-
tines.

**Chaussures.** — A piétiner dans la boue
froide et la neige fondue, les dangers de
gelure sont considérables. On les évitera
presque à coup sûr en prenant soin de
graisser abondamment les chaussures pour
les rendre imperméables et en s'envelop-
pant les pieds, sur la chaussette de laine
elle-même graissée de suif, de bandelettes
de papier enroulées sur plusieurs épais-
seurs et qui constituent le meilleur des
calorifuges.

Il est essentiel que le soldat prenne la
précaution de se déchausser toutes les fois
que la chose lui sera possible et que, surtout, il se garde de cette imprudence trop

souvent commise qui consiste à dormir sans ôter ses souliers. En quittant la chaussure, il faut l'essuyer, la graisser et la bourrer fortement de paille ou de foin sec, jusqu'au moment de la remettre. Cette précaution en empêche le racornissement. En tout état de cause, il est excellent de consacrer chaque jour une demi-heure, au moins, à assouplir, en le malaxant longuement entre les mains le cuir de ses brodequins largement imprégné de graisse, et à enduire de suif toute la partie où la semelle se fixe à l'empeigne : on la rend ainsi pratiquement imperméable à l'eau. Il faut aussi s'assurer fréquemment qu'aucun clou ne dépasse à l'intérieur : un homme blessé au pied est un homme qui se bat mal. Enfin le soldat doit éviter de serrer avec trop de force ses bandes-molletières, s'il en porte, et surtout de serrer trop le cordon qui les maintient en place : cette précaution, qui est d'ailleurs de règle dans les troupes alpines, suffit à empêcher tous les inconvénients parfois reprochés à cette partie de l'équipement militaire.

# Notre ennemi le froid.

En dépit de toutes les précautions que l'on peut prendre, le froid est, pour les soldats qui veillent dans les tranchées du front, un ennemi redoutable, contre les atteintes duquel le Commandement ne saurait trop les prémunir. En effet, quand la température est basse, et surtout quand l'atmosphère est chargée d'humidité, trois ordres de dangers sont à craindre pour eux : d'abord toute la série des maladies aiguës qui sont la conséquence indirecte des refroidissements, ensuite une affection connue sous le nom de « coup de froid », enfin des lésions locales provoquées par la congélation plus ou moins profonde des tissus, et caractérisée par leur nécrose.

Chacun de ces accidents se produit suivant un mécanisme différent.

Dans les organes internes, le froid diminue la résistance aux atteintes microbiennes. C'est ce que veut dire une expression de la langue courante, d'après laquelle « l'hiver est la saison des rhumes et des bronchites ». Mais il ne faut pas perdre de vue que ces maladies sont, avant tout, d'origine contagieuse, et que le refroidissement se borne à faciliter leur éclosion, sans pouvoir, à lui seul, le déterminer. Il en est de même des entérites, des hépatites, des néphrites qui, plus fréquentes et parfois plus graves pendant la saison rigoureuse que pendant les saisons tempérées, ne sont pas, à proprement parler, produites par l'abaissement de la température. Il en est également de même, tout au moins dans une certaine mesure, pour les accidents congestifs auxquels sont particulièrement exposés les obèses, les asthmatiques et les artério-scléreux. Chez ces prédisposés, le froid rend difficile la circulation sanguine ; il la ralentit, il paralyse plus ou moins la respiration, diminue l'activité des échanges organiques, et finit par amener dans les espaces intercellulaires une sorte d'engorgement qui ne tarde pas à se traduire par une congestion massive de l'organe atteint. Les sujets robustes résistent : quand la température du milieu ambiant s'abaisse, leur chaleur interne s'élève et leur peau se réchauffe assez rapidement par sa partie profonde, ce qui lui donne la possibilité de supporter, sans souffrir de façon exagérée, l'action désorganisante du refroidissement extérieur.

Toutefois, pour que ce réchauffement interne soit durable, il faut d'abord qu'un exercice suffisant permette aux muscles de fonctionner, et, par conséquent, de produire de la chaleur, ensuite qu'une alimentation convenable vienne apporter aux masses musculaires, par l'intermédiaire du sang, les éléments indispensables à leur activité élémentaire, enfin qu'aucune cause d'affaiblissement organique, aucune maladie générale ou locale, n'intervienne pour provoquer un ralentissement de l'assimilation et, par suite, une diminution de la chaleur utilisable. Chez l'homme soumis au froid et qui lui résiste victorieusement, les choses se passent tout à fait comme elles se passeraient dans une machine bien réglée, où l'apport de combustible au foyer est évidemment nécessaire, mais où il n'est pas moins indispensable que ce combustible soit consommé comme il doit l'être, avec régularité et sans gaspillage.

La consommation rationnelle de ce combustible organique que sont les aliments est considérablement facilitée par l'apport incessant d'air pur aux poumons et il a été maintes fois démontré que le bon fonctionnement de ces organes n'est pas influencé de façon défavorable — bien au contraire — par la température basse du fluide extérieur. A ce point de vue, on peut même considérer que l'air froid joue un rôle bienfaisant, et l'expérience de chacun suffit à montrer que, normalement, on repose mieux et avec plus de liberté durant l'hiver que durant l'été. Encore faut-il toutefois que les éléments pulmonaires eux-mêmes soient intacts, qu'une fatigue exagérée n'ait pas diminué l'énergie propre des muscles inspirateurs et expirateurs, qu'une lassitude corporelle intense ne contribue pas à ralentir la respiration et à restreindre les échanges vitaux.

En thèse générale, on peut donc affirmer sans crainte d'erreur que, sur l'individu sain, convenablement nourri, soumis à un exercice modéré, et mis dans la possibilité de respirer un air pur, le froid extérieur est sans action fâcheuse. Cette affirmation est, tout naturellement, plus exacte encore quand les vêtements épais forment autour du corps une couche isolante, parce que mauvaise conductrice, qui préserve la peau des refroidissements excessifs, et surtout des refroidissements de longue durée.

Chez les individus très fatigués, au contraire, épuisés par les privations d'une rude campagne, ou surmenés par la prolongation excessive d'un effort disproportionné à leur énergie propre, le froid agit souvent d'une manière redoutable et mortelle.

Mais, le plus souvent, l'impression de froid intense est suivie d'une sorte de réaction de défense, par laquelle l'organisme semble concentrer vers les parties profondes du corps toute son énergie calorifique. L'homme menacé cherche instinctivement à lutter contre le danger en se livrant à un exercice violent, en se couvrant de vêtements épais, en mangeant le plus possible, en absorbant des boissons brûlantes.

L'essentiel est que quelque sauveteur bien intentionné, mais imprudent, ne commette pas l'erreur de réchauffer trop vite le patient frappé par un « coup de froid ». Malheur à l'homme engourdi, et chez qui les fonctions vitales semblent près de s'anéantir, s'il entre trop subitement dans une chambre trop chaude ou s'il approche trop près d'un feu de bivouac. Les parties engourdies ou gelées et éloignées du centre de la circulation sont frappées de gangrène qui se manifeste à l'instant même et se développe avec une telle rapidité que ses progrès sont sensibles à l'œil; parfois encore, l'individu est comme suffoqué par une sorte de turgescence qui paraît s'emparer des systèmes pulmonaire et cérébral. Il périt, avec tous les symptômes de l'asphyxie foudroyante.

Le plus souvent, les accidents provoqués par le froid sont moins graves et restent localisés. Les engelures, qui ne sont pas autre chose que des névrites périphériques, surviennent aux mains et aux pieds. Plus douloureuses que vraiment redoutables, elles constituent cependant, pour les soldats en campagne, une véritable blessure qui les immobilise et les rend incapables de combattre.

L'action prolongée des basses températures sur les extrémités des membres, sur le nez et les oreilles, peut déterminer des phénomènes de congélation aiguë, chez les hommes contraints à l'immobilité dans les tranchées glacées. Des frictions énergiques y remédient, en rétablissant la circulation du sang, tandis que la gangrène se manifeste à peu près toujours si les parties atteintes sont exposées sans précaution à la chaleur.

Cependant, quelle que soit la gravité des accidents causés par le froid, *il faut bien se souvenir qu'à de très rares exceptions près, ils ne frappent jamais que des hommes surmenés, affaiblis, démoralisés, mal nourris et insuffisamment vêtus.*

C'est dire que notre ennemi le froid ressemble beaucoup à nos ennemis les Allemands : comme eux, il est redoutable, mais comme eux, il est loin d'être invincible.

Quand les soldats reçoivent des distributions abondantes et régulières de vivres, quand des aliments chauds leur sont donnés tous les jours, quand ils ont en abondance de la viande, du pain, des légumes assaisonnés à la graisse, du fromage, du

café et du vin, ils « fabriquent » de la chaleur en quantité suffisante pour pouvoir
résister avec succès aux attaques du froid
extérieur. C'est, à coup sûr, le cas de nos
troupes du front, dont les services de ravitaillement et d'intendance fonctionnent
d'une façon parfaite.

Quand des soldats ont, pendant les
nuits passées au bivouac ou à la tranchée,
des abris pour se préserver de la neige et
de la pluie, de la paille sèche pour s'étendre et dormir, des couvertures pour se défendre contre les rigueurs des frimas;
quand leurs uniformes sont épais et suffisamment imperméables; quand ils portent
des chaussettes de laine, des gilets ou des
chandails, des passe-montagnes, des gants
fourrés; quand leurs souliers sont bien
solides et quand les coutures en sont maintenues bien étanches par un graissage
méthodique, ils « conservent » leur chaleur naturelle et peuvent narguer les froids
de l'hiver le plus rude. C'est, à coup sûr,
le cas de nos troupes du front, auxquelles
l'État — et surtout la charité nationale —

ont envoyé des monceaux de sous-vêtements confortables.

Quand des soldats ont, après les efforts
terribles du combat, comme après les dures
épreuves des veilles anxieuses, des temps
de repos suffisants pendant lesquels ils
peuvent dormir, se délasser l'esprit et le
corps, se livrer à un exercice modéré,
prendre tous les soins de propreté que
l'hygiène exige, ils « emmagasinent » des
réserves de chaleur qui leur permettent de
ne pas avoir à redouter de défaillance
physique quand il leur faudra fournir de
longues factions, ou bondir, la baïonnette
brandie, dans le fracas des obus, à travers l'ouragan déchaîné des balles. C'est,
à coup sûr, le cas de nos troupes du front
qui, sur six jours consécutifs, en passent
deux aux postes avancés, deux aux postes
de réserve, et deux aux cantonnements
d'arrière-ligne.

Quand, enfin, des soldats sont animés
de cette confiance éperdue qui unit par
un lien étroit leurs âmes aux âmes de leurs
chefs ; quand ils sont possédés, au plus

profond de leur être, par cette foi inébran-
lable qui contraint et fixe la victoire; quand
ils sont bien certains que les succès les
plus magnifiques leur sont acquis d'avance;
quand ils sont résolus aux plus sublimes
sacrifices pour écraser l'envahisseur et
venger leur patrie odieusement attaquée;
quand ils savent qu'à tout prix il faut tenir
jusqu'à la Victoire; quand ils ont la certi-
tude que, s'ils tombent, la France saura
prendre soin de ceux qu'ils ont laissés au
foyer; quand ils disent que, le Devoir une
fois accompli, les joies du retour triomphal
effaceront les tristesses et les souffrances
de l'heure présente, alors, ils ont trop
chaud au cœur pour que l'hiver puisse
mordre sur eux.

C'est ce qui arrive aujourd'hui aux ad-
mirables soldats de France.

La bise les fouette au visage. La neige
les drape de son lourd manteau blanc. Le
sol de leurs tranchées est couvert d'une
couche de glace. Mais la flamme sacrée
des héroïsmes les rend insensibles à tout

et, stoïques, ils attendent que, d'un geste, l'homme en qui le Pays a remis la garde de ses destinées, les jette en avant et leur indique que l'heure est venue de mourir ou de vaincre.

# TABLE DES MATIÈRES




A0041 — Imprimerie spéciale de la Librairie BLOUD et GAY.